Stephan von Spalden

Mutter

© 2021 Stephan von Spalden
Umschlag, Illustration: Stephan von Spalden
Coverbild und Bild auf Seite 14 von Astrid von Spalden

Verlag & Druck: tredition GmbH, Halenreie 40-44,
22359 Hamburg

ISBN
Paperback 978-3-347-36492-9
Hardcover 978-3-347-36493-6
e-Book 978-3-347-36494-3

Bibliografische Information der Deutschen
Nationalbibliothek: Die Deutsche Nationalbibliothek
verzeichnet diese Publikation in der Deutschen
Nationalbibliografie; detaillierte bibliografische Daten
sind im Internet über http://dnb.d-nb.de abrufbar.

Für Fria Anthelia

We left the music behind and the dance carried on

Loreena McKennitt in The Old Ways

Liebe Lyrikfreunde,

was für ein wunderschöner Tag muss das sein, wenn dafür Zeit ist, Gedichte zu lesen. Es gibt mehrere Arten des Müßiggangs, doch führen die meisten (erfolgreichen) unweigerlich ins Innere, solange bis das Höhere Selbst wieder ein bisschen zwinkert. Und wenn es noch weiter geht, kommt irgendwann ein rotes Licht, vielleicht ein tiefes, rotes Licht, das die Farbe des Herzens ist, des Herzschlages, der nun zu hören ist. Die Liebe einer Mutter.

Viel Freude und ein tiefes Rot wünscht

Stephan von Spalden im Juli 2021

Das Glück an den Seitenrändern

Schon an den Rändern seitwärts zu erkennen

Dort tanz das Licht das Vorspiel

Ein Leichtes hineinzugehen, so offen wie das Herz

Mit diesem Licht nur sein kann

Tagein, tagaus, ein Feld der Träume

Und alle Kraft fließt

Wenn der Widerstand bricht

In diesen Momenten

Ein Spatz, so leise, so angenehm in seiner Stimme

Dass er das einzige wird, was man hört

Wenn man es hört, wenn man es hört

Dann hört man, dass er glücklich ist

Und nun weiß ich

Dass du glücklich bist

Mutter

Leise und ruhig segelt ein Blatt

Auf seine gelb-grün gefärbte Decke

Manchmal kann es sein

Dass auch ein Gedanke fliegen lernt

Und sich langsam wiegt

Im Wind der Emotionen

Bis er sich legt

Ins Bett der ewigen Verbundenheit

Auch bei geschlossenen Augen

In absoluter Stille

Ist sein Luftzug zu spüren

Und häufig erkennen wir ihn

Als Atem dieser Verbundenheit

Es ist nicht ausreichend darüber nachzudenken

Aber es reicht aus nicht darüber nachzudenken

Und es fliegt mit ihm die ganze Welt

Denn das Einzige, was fest steht

Ist diese Verbundenheit

Die so klar ist

Wie die tiefen Wurzeln in der Erde

Die Liebe einer Mutter

Neu geboren

Friedensreich und unbewaffnet
Ein bisschen wird alles rund
Das in deiner Nähe sein darf
Nimm mich mit zur Kirche

Zum Grab, nach Walhalla
Wo stecken sie, wo recken sie sich
Aus denen wir entstanden?

Die Ebbe ebbt und doch spricht sie schon von der Flut
Mit jedem Aufbäumen
Der Wellen

Des Lichts, bis es wieder durchbricht
Und durchblickt
Des Gottes immense Kraft
In jedem Neugeborenen

Die Nachtigall

Desto weiter der Weg, desto kleiner die Pfade
Nebst der Wald mit seinen Verlockungen
Rauscht für die Nachtigall
Die Vergangenheit der Ferne Schall

Tausend Äderchen explodieren aus der Zeitachse
Horizontal sprudelt dein ewiger Quell
Du bist angekommen
Im Inneren, dein Zenit

Und sie rauschen, sie rauschen so wundervoll
Dass selbst die Nachtigall lauscht
Denn sie weiß: Wer singt, der wird getragen
The Music of Coming Home

Die Faszination der Inneren Stimme

Hör auf! Hör auf!
Du sprichst, wann du nicht sollst
Und wenn ich dich mal frage
Schweigst du oder trollst

Dich und ich finde dich nicht
Denn, besser dann, muss ich wohl erkennen
Manchmal bist du der kleinste Troll der Welt

Und dann schließ ich die Augen
Und sehe ganz klar (wie nach einem Sturm die Sicht)
Du bist gar nicht der kleine Wicht
Sonnst dich ganz klar neben mir

Lachst und grinst
Und umarmst mich dann
Als wärst du nicht schon ewig
In mir drin

Wandeln

Leise Gischt, ein Möwenflug
Zwei Herzen in der untergehenden Sonne
Immer lauter rauscht die Vergangenheit
Ein Herz wiegt das andere mit Wonne

Es ist der Zaubertrank der Liebe
Der kommt ganz klar von oben
In den Krug, den die Händchenhaltenden
Bilden

Wie soll man sich erinnern, wenn
Die Fußabdrücke so im Jetzt sind?
Die Sanduhr des Fortschreitens ist so lichte
Deine Iris wandert

Sie wandert
Sie glitzert nicht im Abendlicht
Sie strahlt von selbst
So wie das Verschwinden der Abdrücke hinter uns

Der Quantenteilchentunnel

Eine sternklare Nacht bietet die besten
Chancen, dass die Äste am Waldesrand knacken
Während der Rest so still ist
Dass wie immer auch die Möglichkeit des Erschaffens
besteht

Das Ganze funktioniert nur, weil es die Eule beobachtet
Die bestätigt, dass der Wind nur dafür da ist
Damit das Raunen in den Kronen hörbar wird

Hörbar nur für diejenigen, die wach sind
Den Tieren, den Steinen, den Bach, den Bäumen
Und zu ahnen für die, die träumen

Während das Unbewusste sich als letzter Schleier
Des Offensichtlichen auflöst, sich die ersten Strahlen
der Sonne heben
Natürlich quaken die Frösche am Weiher
Lässt die Seele dem Geiste sich Zeit sich zu strecken
und zu regen

Denn mit dem „Danke" am Morgen für diesen schönen
Tag
Wissen es alle, spüren es alle, wie die Teilchen strömen
So leicht, wie man es nur anstrengungslos vermag
Öffnet sich die Blüte der Rose
(Der Tunnel ist offen.)

Stromanalyse

Es twittern ein paar Vögel
Lauthals und auch leise
0 und 1 geworfen in die Matrix
Die Wirkung auf die Reise

Wie der Wind, der die Blätter dreht
Dreht sich alles, wirklich alles im Kreise
(Sonst wäre es kein Kreis)
Und was man wünscht, das wird man sehen

Und auf dem Acker, wo die die dünnen Kranichbeine
laufen
Liegt schon verpackt Blütenzauber, Hagelsturm
Während manche in die Weite schauen
Schnappt sich gerade jener diesen Wurm

Frohlockt und sieht das Licht des Sonnentages
Ein bisschen anders; der Schein der Farben
Und dass die andern mit ihm wandern
Erfreut der Seele Gaben

Krieger des Schicksals

Wie ein Tanzen auf den Fluren
Helles Licht nebst dunklem Wald
In Ewigkeit geboren
In Vergessenheit verloren

Es leuchtet die ewige Seele
Im rauschenden Strom
Gedanken und Gefühle, ein bisschen von allem
Glaube an den Vater im All

Freude und Leid; auf und ab wie ein Börsenkurs
Manchmal ihre tausend Küsse so klar
Zu spüren; Friede und Schlachten
Ich wusste nicht, dass ich schon ein Krieger des
Schicksals war

Und mit jedem Reim, jedem Lied erklang das Echo
Das so golden, so klug wie deine sanften Hände
Die mich schon immer berührten
Des Magiers geistiges Gesetz

Ein Fliegen im zeitlosen, raumlosen Jetzt

Deine liebevollen Vibrationen

Wie der Wind in den Blättern der Rose

So vollkommen an der Lichtung

Lieben

Welch graziöse Entzückung
Welch meist gesuchtes Tor
Bringt weder Geld noch Amt?

Es öffnet sich nur dem oder der
Nicht den Suchenden, nur den Findenden
Ein Weg in den Sakralbau
Ein Weg in die Mystik

An den Pfaden rauschen still die Wasser
Schlängeln sich voran
Ein Schatz am Silbersee
Wo alles mündet und begann

Schau auf die Rosen am Wegesrand
Sind rot für die Liebe
Schwarz für die Nacht
Und grün für die Sonne

Und es wächst und gedeiht, was uns als Intellekt
Längst übertrifft
Ein neues Leben für die beiden Pole
Lächelnd und gewieft

Glück

Als der Nebel sich über das weite Land senkte
Erklang der Nachtigall letzter Ruf
Als ob er der Nacht einen letzten Gruß schenkte
In der frühen Morgensonne Kuss

Einige Schwaden krochen, krochen entlang der Bäume
Fingen sich in den Mulden
Senkten sich wie einst die Träume
Senkten sich als feinstofflicher Rest

Wie gesagt, die kleinen Tümpel blubberten
Als wüssten sie nichts davon
Vielleicht wissen sie auch nichts davon
Vielleicht erschließt sich mit ihrem Geräusch Gnade

Oder die Gabe, weiter invers zu atmen
Einfühlsames Betreten in vertikaler Rundkultur
Denn so im Augenblick zu sein
Wissen sie, was kommt

Und es kommt, es kommt

Uns es bleibt

Glück

Der Grundstein

Der Zaun ist lang, kann durchsehen
Fensterlose, breite Zukunft
Monoton, einfach zu verstehen
Für eine einzige Zunft

Wenn Meisterkönner längst verschwunden
Graue Pillen, weites Land
Das Vieh träumelos angebunden
Ihm ist es nicht bekannt

Eine neue Ordnung, herbeigestrahlt
Lügenvermählt, selbstgewählt
Mit bitterer Meinungsanstalt
Eines nach dem anderen ausgezählt

Das Rad in der Blume dreht sich nicht
Wie in des Paktes Flagge in eine Richtung
Die Sonne über dem Atlantik hereinbricht
Tradition ist Verpflichtung

Glaube ich noch, was ich sehe
Milliardenschwer, finanziert unklar
Alles unvorhersehbar geschehe
Was wahr ist, ist doch wahr?

Das Ziel wäre Frieden aller Menschen
Ein Blütenstaub im Seelenkosmos
Befruchtend und zugleich schenkend
Aus einer Quelle Herz und Logos

Ich kenne nur die Liebe als einzig wahre Kraft
Sie leuchtet im Dunkeln, kühlt in der Sonne
Es ist ihr Geschick, das Freiheit schafft
Der Grundstein für des Baumeisters Wonne

Ausreichend

Das Glück zählt auf dich
Fliegt auf dich und lädt dich ein
Mit jedem Danke, mit jedem dankbar sein

Es ist ausreichend zu sein
Und noch dazu erquickender sich darüber bewusst zu
sein

Das Herz, dein Herz schlägt vor allem für dich
Desto bewusster, umso bewusster für alle
Denn es ist das All, das dem Einen innewohnt
So kettensprengend und
Ausreichend

Weizenklang

Das Korn wiegt sich ein bisschen im Wind
Die Glocken läuten in der Ferne
Und jedes Rädchen Fantasie lässt
Die Gedanken fliegen

Kein weiteres Geräusch erquickt das Sein
Es wäre auch nicht so, dass jemand schwiege
Doch was gesagt werden soll
Ertönt leise, zwischen den Halmen
Und im Metall
Liegt sich in den Armen

Ein Mähdrescher fährt vorbei

Doch es geht weiter
Die Niemals-Stille kehrt zurück
Und prüft noch kurz ihr Publikum
Schaut vom Kirchturm, über den Raps bis
Zum Weizen, der schon wieder seine Wellen schlägt

Es steht ein Mann in der Hurlacher Heide. Er erinnert sich an seine Frau, die er im Krieg verloren hat. Jedoch nicht bei einem Bombenangriff oder einem Schusswechsel, sondern in einem Lager. Nun liegt sie hier auf dem Friedhof.

Er hat überlebt und findet sie wieder.

Hurlacher Heide

An einer wunderschönen, stillen Heide
Erinnere dich
So wie die Orchidee
Zwischen Lieschgras und Klee

Erinnere dich an mein Lied
An das Tanzen im Sommer
Ein Hauch unserer Seelen
Über den nun Bewegungslosen

Das Fliegen der Wolken
Als würden wir uns drehen
Und nur deshalb auf der Erde stehen

Dichter
Ein Nieseln, auf den sommerroten Backen
Deiner Ewigkeit
Dein Licht, dein Strom

Es gibt kein Auf Wiedersehen

Der Tropfen taumelt Richtung Norden

Und doch grüßt er mit dem Lächeln

Das in deinem Regen wohnt

Der Sturm ist vorüber

Es glänzt die untergehende Sonne

Über dem Fließen

Und dein Stern beginnt wieder zu leuchten

Für mein Lied

Das Gewitter

Ein Knall
Der Wind peitscht über die Fenster und über die Wiese
Über den Wald mit seinen Ästen

Blitze wie feine Äderchen
Grollen, das sich zuspitzt
Argumente in der Wende
Es prasselt der Regen

Noch ein Knall
Ein Teil der Mauer bricht, zerbricht
Das Feuer zerfrisst alles
Lodern, Qualmen

Leise sickert die Asche in den Boden
Zu hören von den fleißigen Ameisen des Schicksals
Nahrung durch Feuer, Trinken durch Entleerung
Und der Samen, der erwacht
In der Erde

Der Hase

Unweit der Wiese, auf dem Feld, sitzt der Hase
Schaut auf das satte Grün
Der Wind streift über sein Fell
Als wüsste er von seiner Wohltat

Das letzte Glühen der Sonne
Beschenkt die Landschaft
Und der Hase nimmt wahr
Dass es wahr ist

Er spitzt die Ohren
Und erkennt, dass selbst im Rauschen des Windes
Vor allem in dem Moment
Dass die Komposition

Die seine ist

Heilung

Verschlungene Pfade
Auf dem Weg zu sich selbst
Ein Spüren der Wahrheit
Am Ende von Raum und Zeit

Auf und ab, schneller als das Licht
Immer da, immer Licht
Sieh deinem Vater in die Augen
Nimm deine Mutter bei der Hand

Erkenne den Takt des Dahinterliegenden
Sommer, Herbst, Frühling, Winter
100% du
Immer. Für immer

Gehe! Hole Luft! Sehe!
Es geht weiter
Und während die Rosen noch Knospen sind
Fließt schon Honig aus den Ketten

Und ich verzeihe und nehme das Verzeihen an

Das dir ganz dicht neben mir gehört

Und ich danke dir so sehr

Dass ich dich liebe

Zwei Seelen

Wir sehen uns grad mal zwischendurch
Fernab am Rand des Waldes
So viel Kontakt
Wie der Biber mit dem Lurch

Der Sonnenstand ist hoch
Zwei selig liebe Herzen
Wann kommen Mama, Papa von der Arbeit?
Wann kommt der Abend im Schein der Kerzen?

Von IKEA
Dessen Besuch ohne Streit der Meister Leistung
Energie durch Zeit
Immer mehr Begeisterung

Denn das sanfte fallen deiner Haare
Leichtigkeit und Dankbarkeit
Viele Blätter säumen all die Jahre
Der Klee entlang des Sees

Durch dessen Glitzern ganz, ganz oben

Wird auch der Fluss im See erkannt

Und mir fällt´s wie Schuppen von den Augen (nicht von
den Fischen)

Die Lichter in der Tiefe sind verwandt

The Sound of H2O

Leise gluckst, blubbert, plätschert
Fließt stetig, unerschöpflich vor sich hin
Bedauert nicht, schau stets nach vorne
Jeder Stein im Weg ist Gewinn

Turbulenzen, reinigend, und wenn man besonders
lauscht
Auch Musik, the Sound of H2O eingewirbelt
Vor allem für die, die ruhig in der Strömung stehen –
Durchatmen
Während die Matrix des Baches rauscht

Doch manchmal ist ein Sprung so einladend
So das Glitzern auf höherer Ebene
Und es gelingt
Ist richtig

Im Fliegen zu lernen

Und doch taucht man wieder ein in das kühle Nass

Eine Treppe höher und lernt wieder schwimmen

Während das Leben etwas anders rauscht

Unterm Stern

Exakt

Fliegen, Fühlen, Spüren
Raumlos, zeitlos
Und doch zieht alles vorbei
Und doch steht alles im Jetzt

Das Grenzenlose ist so schön, so traumvoll
– Kein Rucksack zu tragen –
Dass in diesem Wohlfühlen ein bisschen, ein kleines
bisschen Wehmut aufkommt
Ein kleiner Wind im stillen Raum

Der sich dreht und wendet und windet
Über die Wangen streift
Bis der Wunsch reift und reif genug ist
Materie zu werden, Materie zu sein
Wirklich zu sein

Lichtliebe

An der blauen Landzunge
Und das Meer fliegt
In seiner eigenen Luft
Nur zu sehen und zu schauen
Wie die Wolken sich darin bewegen

Der Sanftmut, der Rückzug nach
Jeder Welle
Ein Knistern
Das der Schaum dem Kies überlässt
Doch wir gehen nur
Um wiederzukommen

Und das Segel, das der Wind bläst
Ist ihm so eigen, dass er es mitnimmt
Dass wir sehen
Der Gehalt der Dinge ist nicht die Fülle
Sondern dessen Richtung

Der Schuss der Nacht

Die ganz plötzlich kommen kann

Das Abendrot enthüllt schon das Morgenlicht

Und wartet jetzt auf uns

In leuchtender Nacht

In leuchtender Nacht
Vermutlich schien der Mond helle
Die Käuzchen riefen selten in das Zirpen der Grille
Hinein

Das Bächlein rauschte, mäandrierte zu seinem Fluss
Wog sich um Stein und Fels
Die immer noch gespeichert ein wenig Wärme
Der Sonne letzter Gruß

Ausgerechnet jetzt gaben die Wolken den Mond
Vollkommen frei – es kann sein, dass es genau richtig
war
Dass es genau richtig ist
Frei zu sein

Und da zu liegen auf einem dieser warmen Steine
(Ein bisschen haben die Tiere schon noch zu sagen)
Breitet sich diese Liebe aus
Ausgerechnet vom Bauch aus überall hin

Als sei es vor allem diese Mitte

Die für Dich, Zweite und Dritte

Ein sicherer Hafen der Geborgenheit ist

God's Thankfulness

In kalten, dunklen Tagen, der Specht klopft weiter
Die Sonne scheint auch irgendwo oberhalb der Wolken
Wird irgendwo da draußen ein Stück freier
Befreiter

Denn dies stetig Klopfen, ewig Rauschen, die
wiederkehrenden Strahlen
Erinnerungen an jede begabte Zunft
Für das Hier und Jetzt
An die Zukunft

Ein bisschen leuchtet das Abendrot noch
Bis der Ball der Reinheit der Nacht Platz gibt
Und mit jedem Atemzug
Der Moment ein Stück Ewigkeit gewinnt

Nicht die Zeit rinnt, sondern das Herz klopft
Lebt, taktet mit dem Raunen der Bäume
Bis wir es wieder spüren:
Die Dankbarkeit für dieses Sein

Zeitlos

In unbekannter Zeit, in unbekannten Welten
Fliegt das Neue, ruht das Alte
Und doch ist es in den Momenten ganz gemütlich

In alte Segel bläst neuer Wind
Als wären sie nur gebaut, damit sich die Wolken
bewegen
Und es beginnt ein Schweben
Die Zeit rinnt, fließt

Verlangsamt sich bis – Stopp!

Das war er, der Moment
So tief, so zeitlos, so dankbar

Wenn die Liebe kommt

Ausreichend schöne Genüsse?

Durch Torte, Ferrari und Meerblick?

Keines kommt an liebevolle Küsse

Als hätten sie selbst einen Zweck

Das Dasein ist vielleicht dadaistisch

Oder auch nicht

Oder doch

Dann ist ein Berg

Jedenfalls, erklärbar wird es nicht ohne

Auf jeden Fall nicht ohne dich

Denn ich liebe dich

Überall

Sieh nur im Wind, die Blätter

Wie sie sich bewegen

Wie sie rauschen, wie sie flehen

Dir zu zeigen

Du bist überall

Sieh nur das Wasser in dem kleinen Bächlein

Wie es unentwegt fließt

Wie es gluckst, wie es ächzt

Nur um dir zu zeigen

Du bist überall, du bist überall

Sieh nur in die Augen eines Kindes

Frei von Urteil oder Schuld

Wie sie leuchten, wie sie glänzen

Nur um dir zu zeigen

Du bist überall

Sieh in den Spiegel, dein Leben

Dein Herz schlägt, dein Brustkorb sich hebt

Nur um dir zu zeigen

Du bist schön

Du bist geliebt

Befreiung zur Liebe

Die Ebenmäßigkeit, die Symmetrie und
Auch ihr Gegenteil
Verbringen das meiste ihrer Zeit
Ein bisschen abgehoben

Wie an den Ästen die Frucht
Wie das Kind im Mutterleib
Ist die Materie stets betucht
Von was wir nennen Freud und Leid

Der Schlüssel dreht am Krönchen
Doch kein Scharnier zu erwarten dort
Vielmehr ist es des Lichtes Freiheit
Entfesselt durch das liebe Wort

Dabei ist in tiefsten Schluchten
Einzubringen dieses Pflänzchen
Was leuchtet aus der Kinder Augen
Deren Ehre wurde nicht gekränkt

Das Echo dieser Berge

Ich liebe dich

Stützt wie der Mutter wärmster Schoß

Und erklärt uns jenes Leben

Das schon tausend Jahre durch uns floss

Morgen

Entlang des verschorften Astes
Glitzert das frühe Sonnenlicht
Und es sind seine feinen Sinne
Die den Frühling spüren

Es ist, als würde jemand sprechen:
Ich bin Glück
Und die Tautropfen auf Gras und Klee
Vibrieren in der Musik der Stille

Häufig kommt es vor, dass das Licht mitmacht
Und auch der Geruch nur so ist, wie an diesem Tag

Und es reitet der leichte Wind über den Hügel
So als wäre das Gras nur dazu da
Ihm hinterher zu jubeln

Und es leuchtet ein bisschen Mond
Ganz genauso wie es sein sollte
Bis plötzlich die Sonne alles erstrahlen lässt
Und bis dann im Laufe des Tages

Die Lerchen wieder zu Eulen werden

Und der Mond ganz genau sieht

Wie der Tau vibriert

Glücklich, als sei es der Morgen

Der Sender und der Empfänger

Ein bisschen was von allem verbirgt die Ruhe
Und das ist so schön
Dass der Blick genügt, als Sender ausreicht

Es kamen viele, die gingen
Doch der Moment blieb, so wie das Bild der Narzisse
Unter dem Schnee ruht und nicht wartet
Sondern ist

Der Sender mag quantenphysisch der Gleiche, vielleicht
Sogar derselbe sein und es ist ausreichend Liebe
vorhanden
Um zu werden, sich zu zeigen

Zeitfracht Medien GmbH
Ferdinand-Jühlke-Straße 7
99095 Erfurt, Deutschland
produktsicherheit@kolibri360.de